_____ 님께

행복과 평화가 항상 함께 하시기를 기원하면서

_____ 드림

나를 찾는 지혜

풍경소리 ❹

글 • 풍경소리 | 그림 • 박준수

발간사

봄이 머무는 듯 떠나버려 섭섭함이 적지 않지만 계절의 순환을 느끼며 새로운 희망 하나 머금게 됨은 대자연을 고개 숙여 받아들이는 최소한의 도리라 생각합니다.

풍경소리 모음집이 벌써 4번째가 엮여진다고 하니, 글과 그림을 주시는 작가님들과 풍경소리를 대중들에게 전달하기 위하여 애쓰고 있는 자원활동가들의 노고를 먼저 떠올리지 않을 수 없습니다. 이 분들의 존재와 노고가 풍경소리를 있게 만드는 원천일 것입니다.

극심한 산고를 겪고 글과 그림이 탄생할 때마다 애정과 관심으로 보아주신 수많은 독자님들의 응원은 풍경소리를 무럭무럭 자라게 하는 자양분입니다.

풍경소리 활동의 가늠자이자 금자탑인 풍경소리 모음집의 출간은 풍경소리의 활동을 정리함과 동시에 대중들에게 한눈에 풍경소리를 볼 수 있도록 하자는 서원에서 비롯됨을 항시 잊지 않고 있습니다.

이번에 발간되는 풍경소리 4집도 우리들의 서원이 담뿍 담긴 예쁜 책이 되었으면 하는 바램입니다. 책의 기획과 디자인, 제작에 참여해 주신 모든 분들께 감사 드리고 이 인연으로 자비심 넘치는 정토세상이 하루 속히 이루어지도록 다 함께 기원합시다.

2012년 5월, 삼각산 도선사에서
선묵 혜자

글과 그림을 엮으며

선으로 그린 풍경소리

동양화는 선線의 그림입니다.
한 획을 그음으로 형과 정신이 그림 속에 깃들어 있기 때문입니다.
선에는 기운이 흐르고 생동하며
골법을 통해 용필의 쓰임과 형상을 만들어냅니다.

풍경소리와의 만남은
먹과 선을 위주로 생각과 마음을 표현하는 것이었습니다.
그 일체된 상태가 나를 찾는 시간이 되는 것입니다.

"지혜의 글은 화두가 되어 그림 앞에 서게 한다.
 검고 짙은 묵향과 백색의 얇은 화선지를 펼치고 화두에 집중한다.
 시간이 흐르는 동안 내 안의 자아와 대자연의 흐름이 만나면
 어느새 화두는 사라지고 그림이 나타난다.
 선을 그어 길을 내면 가르침의 방향이 되고
 붓을 들어 뿌리면 감정이 저질러지고
 새를 그리는 순간이 오면 나는 새가 된다.
 새의 마음이 되는 것이다.
 두 개의 찻잔 위에 나와 마주한 나를 만나고
 족함을 알기위해 넓은 대지 위에 농자가 되어본다."

한 장의 그림은 희로애락을 담아 〈나를 찾는 지혜〉가 되었습니다.

어둠속의 빛처럼, 봄날의 단비처럼 마음이 열리면
내가 나로 돌아오는 시간이 됩니다.
나를 찾고 행복을 얻는 여러분들이 되시기를 진심으로 기원합니다.

동양화가 박준수 드림

차례

발간사 5

글과 그림을 엮으며 6

1 나는 나를 사랑한다

말 13 | 사람들 보기 좋으라고 14 | 눈을 도려내려는 사람 17
좋지 않은 곳이 어디 있으랴 18 | 나는 나를 사랑한다 21
도둑과 도둑님 22 | 자신이 본다 25 | 떠나가려 하는데 26
몸과 입과 마음 29 | 깨진 종처럼 30 | 길에서 만난 두 왕 33
이 옷과 밥과 집 34 | 분리되어 있지 않기에 37

2 제대로 놓여 있는지

선정 40 | 지혜 43 | 속아서는 안 될 일 44
마음속의 칼을 버려라 47 | 제대로 놓여 있는지 48
스트레스에도 감사하는 마음을 품는다면 51
파리가 저울에 앉는다면 52 | 마음의 고요가 행복이다 55
이 생각이 없으면 56 | 마음은 늙지 않는다 59
마음 밭 가꾸기 60 | 참 마음 63 | 등불을 든 자화상 64

3 보기 나름이지

지족 69 | 탐욕의 끝은 어디인가? 70

황소를 소매치기 당하다 73 | 가엾은 사람 74

보기 나름이지 77 | 가지치기 78 | 기도의 의미 81

남을 해치려 한다면 82 | 사랑의 방정식 85 | 공명조共命鳥 86

지혜로운 사람 89 | 역경과 순경 90

4 가면 길은 열릴 것이다

한 톨의 씨앗 95 | 말을 할 때는 96 | 천한 사람 귀한 사람 99

걱정 100 | 삶의 문제 103 | 저질러 시도해 보라 104

가면 길은 열릴 것이다 107 | 첫 마음 돌아보기 108 | 인격 111

솔개 닮기 112 | 조바심 내지 마라 115

5 행복의 지름길

참행복 119 | 행복의 지름길 120 | 행복은 스스로 만드는 것 123

화가 날 때 124 | 자신의 조건 안에서 행복을 127

거리의 현자 128 | 최선의 방법 131

대문과 나귀만 지킨 하인 132 | 남과 나 135 | 부모 136

다시없을 인연 139

1
나는 나를 사랑한다

말

우리는 자신을 미워하는 사람에게는 분노를 느끼고
자신을 사랑하는 사람에게는 기쁨을 느낀다.

분노와 사랑은 말뿐이다.
말은 지나가는 것이다.
지나가는 말에 우리는 묶여있다.

말에서 자유로워질 때 그것이 더없는 행복이다.

성운 스님 | 삼천사 주지

사람들 보기 좋으라고

당나라의 숙종은 바위굴에 살고 있는 라찬선사를 찾아갔지만
선사는 황제를 본척만척하고 모닥불에 감자만 굽고 있었다.
감자가 다 익자, 그는 콧물이 줄줄 흐르는데도 닦지 않고 혼자서
먹기만 했다. 민망해진 황제는 한마디 던졌다.
"스님, 우선 그 콧물이나 좀 닦으시지요."
"흥, 사람들 보기 좋으라고?"

한 평생을 남들 보기 좋으라고 살아가는 것은 분명 아닐 것입니다.
그런데 자신도 모르게 남들의 눈과 입 때문에 진짜 내가 아닌
가짜 나로 살아가고 있는 것은 아닌지 모르겠습니다.

이정우 | 군승법사

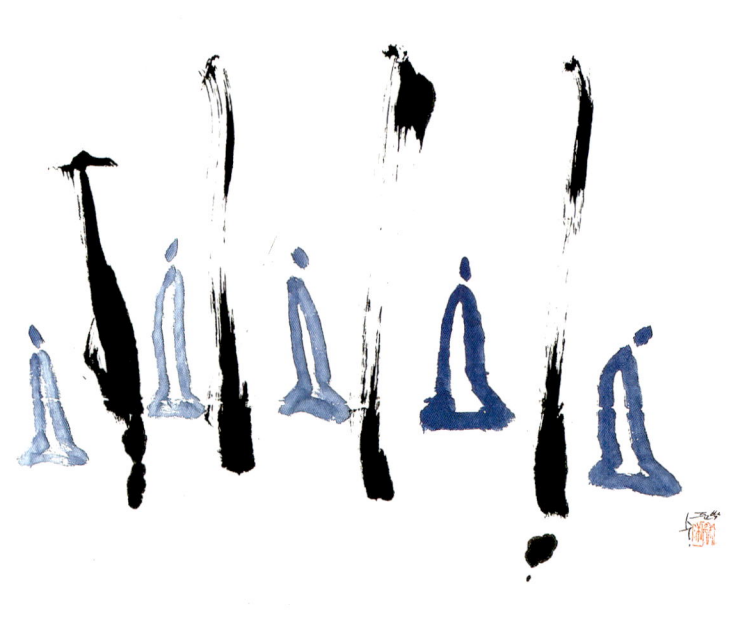

눈을 도려내려는 사람

옛날 어떤 사람이 심한 눈병을 앓고 있었습니다.
친구가 물었습니다.
"너는 왜 눈병을 앓는다고 생각하니?"
그가 대답하였습니다.
"눈이 있기 때문에 눈병을 앓는다."
친구가 말하였습니다.
"눈이 있기 때문에 눈병을 앓는 법이다,
나는 아직 눈병을 앓지 않지만 내 눈을 도려내고자 한다.
나중에 눈병을 앓게 될까 걱정이 되기 때문이다."
옆에 있던 사람이 말하였습니다.
"눈이 있으면 눈병을 앓을 수도 있고 앓지 않을 수도 있다.
그러나 눈이 없으면 눈병을 앓는 것 같이 목숨이 다할 때까지
캄캄한 세상을 헤매며 살게 될 것이다."

당신은 양심의 가책을 받지 않으려고
양심의 기준을 바꾸고 있지는 않습니까?

〈백유경〉 中

좋지 않은 곳이 어디 있으랴

손님이 푸줏간 주인에게 말하였습니다.
"좋은 곳으로 해서 한 근 주게나."
"손님, 고기치고 좋지 않은 고기가 어디 있습니까?"
"자 그럼, 한 근 잘 주게나. 진살로 주어야 한다네."
그러자 주인은 화가 난 듯 큰소리로 말하였습니다.
"여보시오. 살치고 진살 아닌 데가 어디 있소?"

분별심 없는 눈으로 세상을 본다면
참되고 좋은 것으로 가득 차 있을 것입니다.

문윤정 | 수필가

나는 나를 사랑한다

남들은 잘 모르지만, 저는 당당하게 보이려고
허리를 꼿꼿이 세우고 휠체어에 앉아 있습니다.
볼 수 있는 눈이 있고, 들을 수 있는 귀가 있고
말할 수 있는 입이 있으니 얼마나 고마운지 모릅니다.

자신이 지니고 있는 것에 대한 고마움이 자기 사랑이고
그것이 자기 자신과 세상을 아름답게 만드는
긍정의 힘이라 생각합니다.

방귀희 | 작가 · 방송인

도둑과 도둑님

어느 젊은 스님이 인사를 드리자 큰스님은
"야, 이 도둑놈아!"하고 고함을 치시며 사라져버렸습니다.
한 달쯤 후에 만난 큰스님의 답례는 똑같았습니다.
며칠 후 큰스님과 다시 마주친 젊은 스님이
작정하고 따져 물었습니다.
"스님, 제가 왜 도둑놈입니까?"
"아님 말고!"
큰스님의 짧은 대답에
허탈해진 그 스님은 평생
"야! 이 도둑놈아!"가 화두話頭가 되어
자신을 살피게 되었습니다.

이 세상에 도둑 아닌 사람이 없습니다.
밥도둑, 시간 도둑, 약속 도둑, 지식 도둑, 은혜 도둑, 양심 도둑……
하나같은 도둑들이 도둑놈인지도 모르고
'도둑님'으로 시치미 떼고 살고 있습니다.

이정우 | 군승법사

자신이 본다

누군가 보는 사람이 없다고 해서
함부로 행동해서는 안됩니다.

해와 달과 별이 보지 않는다고 해서
아무도 보지 않는 것이 아닙니다.

새와 나무와 바람이 보지 않는다고 해서
아무도 보지 않는 것이 아닙니다.

자신이 하는 일은
자신이 지켜보고 있는 것입니다.

묘원 | 상좌불교 한국명상원장

떠나가려 하는데

사람들은 기차나 비행기 등의 출발시간에는
늦지 않기 위하여 무진 애를 씁니다.
그래서 만약 조금이라도 그 시간에 늦을 것 같으면
땀과 조급함으로 몸과 마음이 흠뻑 젖습니다.

그런데 하나뿐인 자신의 人生에 대해 고통을 여의고
해탈을 구하는 데는 그야말로 태만하기 짝이 없는 사람이 많습니다.

이는 마치
지금 마지막 열차가 떠나려 하는데
온갖 구경에만 정신이 팔린 채
열차가 곧 떠난다는 사실조차
잊어버리고 있는
어리석은 여행자와
무엇이 다르겠습니까.

라도현 | 재가수행자

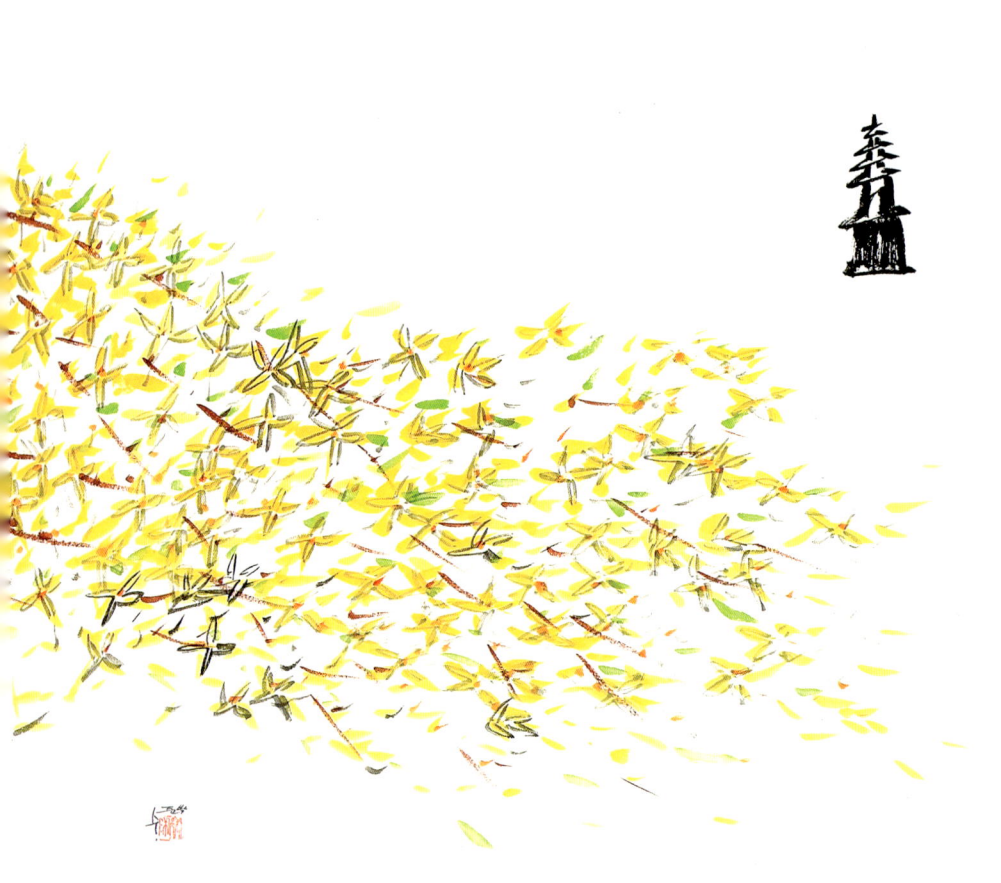

몸과 입과 마음

한 청년이 덕 높은 스승의 문하에 찾아와 제자가 되기를 청하자 선배들이 문하에서 지켜야 할 수백 가지 규칙을 일러주었다. 청년이 한숨을 내쉬며 말했다.
"저는 그 규칙을 지킬 자신이 없습니다."
마침 스승이 밖에서 돌아오다가 집으로 돌아가려는 청년을 만났다.
"왜 돌아가려 하는가?"
"규칙이 너무 많아 다 지킬 수 없습니다."
스승이 청년의 얼굴을 살펴본 후 물었다.
"세 가지 규칙은 지킬 수 있겠지?"
"세 가지는 지킬 수 있습니다."
"그럼, 네 몸과 입과 마음을 깨끗이 하라. 규칙은 그것으로 충분하다."

이용범 | 소설가

깨진 종처럼

상대가 자신을 비난할 때 그가 말한 비난은
그의 행위이므로 내가 관여할 일이 아닙니다.

다만 자신이 비난을 받도록 처신했는지
스스로의 잘못을 돌이켜 봐야 합니다.

다른 사람이 자신을 비난했을 때 깨진 종처럼
반응하지 않게 되면 깨달음에 가까이 간 것입니다.

묘원 | 상좌불교 한국명상원장

길에서 만난 두 왕

옛날, 어느 왕이 마차를 타고 암행을 하다
좁은 시골길에서 다른 마차와 마주쳤다.
암행 중임을 깜박 잊은 왕은 당연히 상대방이 비켜나기를 기다리며,
얼른 양보하지 않는 앞 사람에게 따지듯 물었다.

"너는 누구냐?"
"나는 왕이다."
"내가 이 나라의 왕인데, 너도 왕이라면 어느 나라를 다스리느냐?"
"나는 내 자신을 다스리는 왕이다."
"…………!"

한 나라를 다스리는 왕보다
자기 자신을 잘 다스리는 자가 더 훌륭하다고 합니다.
수많은 유혹들이 나에게 손짓하는 세상,
오늘도 '자기 자신을 잘 다스리는 왕'의 자리에서
쉽게 비켜서지 맙시다.

이정우 | 군승법사

이 옷과 밥과 집

지금 입고 있는 옷,
내가 한 땀 바느질도 안 했건만
나를 감싸주고 있습니다.

점심 때 먹은 밥,
내가 벼 한 포기 심은 적 없건만
내게 힘을 주고 있습니다.

내가 자고 쉬는 집,
벽돌 한 장 몸소 쌓은 적 없건만
나를 포근히 받아줍니다.

이 집, 밥, 옷을 지으신
그 귀한 손길을 잊지 않겠습니다.

고규태 | 시인

분리되어 있지 않기에

세상에서 일어나는 모든 문제들은 남의 잘못이 아니라
그 속에는 나의 잘못도 포함되어 있습니다.
나 자신이 이 세상을 문젯거리가 있는 세상으로 만들면서
살고 있음을 자각하는 것도 수행입니다.
모든 것은 분리된 것이 아니기에,
우리를 지탱하는 나와 너 가운데 한 사람이 잘못되면
우리는 함께 불행해질 수밖에 없습니다.

대효 스님 | 활인선원장

2
제대로 놓여 있는지

선정

마음은 자신의 본색을 드러내지 않는다.
바람이 불면 바람 따라 흔들리고,
구름이 흐르면 구름 따라 흐르고,
강물 앞에서는 강물 따라 출렁인다.
때로는 마음이 아픈데
아픈 마음을 찾을 길이 없어
선정에 들어 눈을 감는다.

정현 스님 | 화림원 주지

지혜

큰 바위 덩이도 높은 곳에서 멀리 떨어져서 보면
작은 점에 불과합니다.
눈앞에 닥친 큰 문제라 할지라도
넓게 멀리 볼수록 작아지는 법입니다.

라도현 | 재가수행자

속아서는 안 될 일

마술사는 사람들의 '연상 심리'를 이용해서
여지없이 관중들을 속여 넘깁니다.
관중들 또한 눈앞에서 보면서도 속게 되지요.

중생의 삶 역시 아무리 정신을 차려 눈을 씻고 보아도
모든 것은 제 마음이 만들어낸 것임을 깨닫지 못합니다.
그래서 끝없는 욕망을 내어 집착하게 됩니다.

지혜 있는 사람이 마술사의 동작에 속지 않는 것처럼
진리를 바로 깨친 사람은 욕망을 다스릴 줄 압니다.

라도현 | 재가수행자

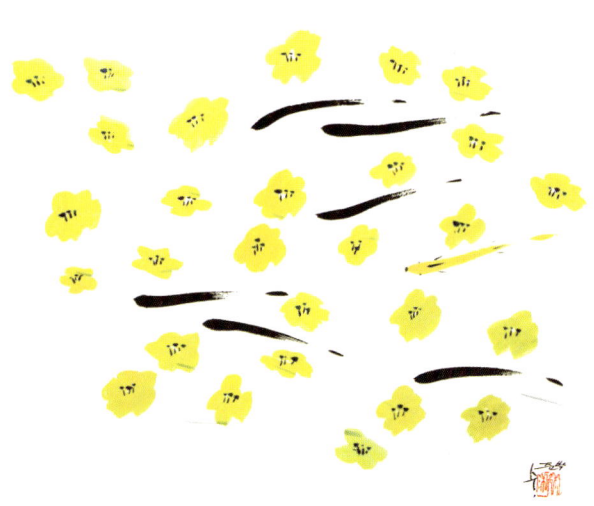

마음속의 칼을 버려라

부처님을 해치려고 이교도 한 명이 늘 칼을 품고
다니다가 어느 신도 집에서 부처님과 마주쳤다.
부처님은 이미 그를 알고 있었기에 문을 닫았다.
"어째서 사람을 만나지 않고 문을 닫는가?"
"이 문을 열게 하려거든 먼저 그 칼을 버려라."
이교도는 문만 열리면 맨주먹으로라도 처치하리라
생각하고 칼을 버렸으나, 문은 열리지 않았다.
"칼을 버렸는데 왜 문을 열지 않는가?"
"나는 네 마음속의 악한 칼을 버리라는 것이지
네 손에 든 칼을 버리라고 말한 것이 아니다."
진정한 화해와 용서는 입에서가 아니라
마음속에서 이루어져야 합니다.

김원각 | 시인

제대로 놓여 있는지

비가 억수 같이 쏟아져도 잘못 놓인 그릇에는 물이 담길 수 없고
가랑비가 내려도 제대로 놓인 그릇에는 물이 고입니다.

살아가면서 가끔씩 자신의 마음그릇이
제대로 놓여있는지 확인해 볼 일입니다.

원철 스님 | 경학자

스트레스에도 감사하는 마음을 품는다면

제바달다는 부처님의 사촌이자 사랑하는 제자였습니다.
그런데 제바달다는 교단에 불화를 일으키거나
끊임없이 부처님을 해치려했습니다.
하지만 부처님은 한 번도 원망하지 않고 오히려
"제바달다는 나에게 있어 선지식이다."라고 말씀하셨습니다.

만약 회사에서 상사가 스트레스를 많이 주거나
배우자로 인해 많은 스트레스를 받는다면
미워하는 마음을 가지기보다는 이 분은
나를 성숙되게 하는 선지식이라고 생각하면 어떨까요?

손기원 | 지혜경영연구소장

파리가 저울에 앉는다면

저울 위에
파리 한 마리 앉게 되면
가리키는 눈금은 변함이 없겠지만
그 무게는 거짓이 됩니다.

한 양동이 청정수에
한 점의 오물이 떨어지면
그 물은 폐수가 됩니다.

무심한 마음에
미워하는 마음이 얹히면
분노가 되고,
가지고 싶은 마음이 얹히면
탐욕이 됩니다.

천룡 스님 | 법주사 한주

마음의 고요가 행복이다

바닷물은 동서남북 사방에서 불어오는 바람 때문에
항상 출렁거리는 것처럼 보입니다.
그러나 깊은 밑바닥은 언제나 연못보다 고요하고 평화롭습니다.
세속에 살면서 우리들의 마음도 이와 같아야 합니다.
거칠고 힘든 일을 당해 울고 웃고 할지라도
속마음은 바윗돌처럼 움직이지 않고 고요해야 합니다.

활안 스님 | 천자암 조실

이 생각이 없으면

이것이 나라고 하는 한 생각이 없으면
이것이 내가 아니어서 생기는 그 고통도 없지요

사랑 받아야 한다는 그 생각이 없으면
사랑 받지 못해 생기는 그 아픔도 없지요

당신이 날 사랑해야 한다는 그 생각이 없으면
당신에 대한 내 원망도 없지요

나라는 한 생각
지어낸 그 한 생각에 매달려 울고 웃습니다.

창공에 걸린 달은 홀로 저리 밝은데
천 개의 강에 비친 천 개의 달 그림자
물결 따라 출렁입니다.

如流 이병철 | 시인

마음은 늙지 않는다

몸은 물질이라서 늙지만 마음은 물질이 아니기에 늙지 않습니다.
다만 몸의 영향을 받아 스스로 늙었다고 판단을 하는 것입니다.
결코 늙을 수 없는 마음을 늙었다고 생각하지 마십시오.
몸이란 나이를 먹으면 노쇠해지고 활력이 떨어지지만
마음은 세월과 더불어 연륜이 쌓이고 지혜가 충만해집니다.

묘원 | 상좌불교 한국명상원장

마음 밭 가꾸기

마음도 복도 밭에다 비유하여 심전心田, 복전福田이라고 합니다.

'마음 밭'에는 오늘도 셀 수 없는 종류의 씨앗들이 날아와 떨어집니다.
고민의 씨앗, 화의 씨앗, 욕심의 씨앗, 기쁨의 씨앗, 고마움의 씨앗,
사랑의 씨앗도 떨어집니다.

자기 마음 밭이 아름답게 되기를 바란다면 좋은 씨앗들만 키워야 합니다.
과수원이 되기를 원하면 유실수만 자라게 해야 하듯 말입니다.

마음 밭, 복 밭의 씨앗들은 '시간'이라는 영양분을 먹고 삽니다.
날아 든 고민의 씨앗에 시간을 투자하면 고민 밭이 되고,
화의 씨앗과 시간을 보내면 보낸 만큼 화 밭이 만들어집니다.
그러나 고마움의 씨앗과 시간을 보내면
우리 마음은 환한 고마움 밭이 되고,
감사와 사랑의 씨앗과 오래하면
우리 마음은 아름다운 감사 밭, 사랑 밭이 만들어집니다.

이제는 마음 밭, 복 밭에 떨어지는 씨앗들을 골라서 키우기로 합시다.
누구나 와서 넉넉히 쉴 수 있는 숲으로 키우면 더욱 좋겠지요.

이정우 | 군승법사

참 마음

사람이 본래 가지고 있는 참 마음을 일깨우지 않는다면,
아무리 애써 봐도 참 사람이 되지 못합니다.
남을 위해 좋은 일을 한 것 같아도
곰곰이 자신을 살펴 보면
스스로 욕망을 채우기 위해서인 경우가 많습니다.
이를 보아 아는 사람은
본래 지니고 있던 참 성품에
눈뜨기 시작했다는 증거입니다.

우리 모두 진리를 알고자 하거든 스스로의 마음에 물어야 합니다.

청담 스님

등불을 든 자화상

하루 종일 밭을 맨 지호는 배가 고팠습니다.
얼른 밥을 해 먹어야지! 그런데 문제가 생겼습니다.
아궁이에 묻어 둔 불씨가 꺼져 있었습니다.
그는 등불을 들고 밤길을 나섰습니다.
십리 밖 철수네로 불씨를 구하러 갔습니다.
"그 등불 속에 불씨가 있는데 어찌 먼 길을 왔나?"
그제야 지호는 자신의 등불을 바라보았습니다.
지금 이 순간, 손에 불을 들고서 불씨를 찾아
헤매는 건 아닌지 자신을 돌아봅니다.

고규태 | 시인

3
보기 나름이지

지족 知足

물속에 사는 하마는 자기 배가 가득 차면
그 많은 물을 두고도 더 이상 마시지 않듯이,

정글의 왕인 사자도 배가 부르면
더 이상 사냥을 하지 않듯이,

우리도 자신이 가진 것에 대해
만족할 줄 알아야 합니다.

족함을 아는 것이 부자입니다.

지성 스님 | 사단법인 '함께 사는 세상' 이사

탐욕의 끝은 어디인가?

어느 날, 왕이 전쟁에서 승리한 장수를 불러 소원을 물었다.
"저에게 조그만 땅을 주시면 그곳에 집을 짓고 싶습니다."
왕은 잠시 고민하다가 이렇게 말했다.
"집의 크기를 알 수 없으니, 해가 지기 전까지
그대가 뛰어간 만큼의 땅을 주겠다."
장수는 궁궐을 나오자마자 뛰기 시작했다.
해가 뉘엿뉘엿 기울자 더 이상 뛸 수가 없었지만,
그는 걸음을 멈추지 않았다. 몸은 만신창이가 되었고,
그의 입에서는 거품이 흘러나왔다.
그는 마지막 힘을 다해 손에 들고 있던 지팡이를
앞쪽으로 내던지며 외쳤다.
"저 지팡이가 떨어진 데까지 내 땅이다."
그러면서 그는 곧 숨을 거두고 말았다.
그 소식을 들은 왕은 쓰게 입맛을 다시며 말했다.
"쯧쯧, 결국은 한 평 땅에 묻힐 거면서……."

이용범 | 소설가

황소를 소매치기 당하다

소를 몰고 집으로 가던 한 농부가 있었다.
농부는 길에서 귀한 가죽신 한 짝을 보았다.
한 짝으로는 쓸모가 없기에 멀리 던져버렸다.
한참을 더 가다 이번엔 이미 던져버린 가죽신의
다른 한 짝을 줍게 되었다.
한동안 망설이던 농부는 소를 길옆 소나무에
단단히 매어 놓고 헐레벌떡 뛰어갔다.
이때 수상쩍은 사내 두 명이 얼른 길가 소나무 뒤에 몸을 숨겼다.
가죽신 한 켤레를 다시 주운 그는 횡재한 생각에 날듯이 돌아왔지만
황소는 이미 없어진 뒤였다.

눈앞의 작은 욕심과 말재주꾼들에게 속아
자신의 가장 '소중한 것'을 잃어버리는 사람들이
왜 이리 많을까요?

이정우 | 군승법사

가엾은 사람

어리석은 사람이란
남에게 준 돈은 반드시 돌려받는 것인 줄은 알면서도
자기가 지은 죄는 받지 않을 수도 있다고 믿는 사람이며,

가엾은 사람이란
오늘이 지나면 내일이 오는 줄은 알면서도
자신에게도 또한 늙음과 병고와 죽음이 온다는 사실을
잊고 사는 사람일 것입니다.

라도현 | 재가수행인

보기 나름이지

두 사람이 달구경을 하면서 다음과 같은 대화를 주고 받았습니다.
"저 달이 둥글 때는 뾰족한 모습이 어디로 갔으며,
뾰족할 때는 둥근 모습이 어디로 갔습니까?"
"뾰족할 때는 둥근 모습이 숨고 둥글 때는 뾰족한 모습이 숨겠지요."

우리도 둥근 모습과 뾰족한 모습을 다 가지고 있지 않을까요?
단지 어떤 사람에게는 둥근 모습을, 어떤 사람에게는 뾰족한 모습을
더 많이 보여주었을 뿐이지요.

문윤정 | 수필가

가지치기

겨울 언저리에 숲 속에서
사람들이 가지치기를 하고 있습니다.
가지치기를 해주지 않으면 숲이 너무 울창해져서
햇볕이 숲 바닥까지 골고루 들지 않습니다.
그러면 키 작고 어린 나무들은 햇볕을 받지 못해 죽고 맙니다.
제때에 가지치기를 해주지 않으면
나이테도 밉고 옹이도 잘 생깁니다.
나무 기둥에 큰 구멍이 생기고 속이 썩고
바람에 쓰러지는 것도 그런 까닭입니다.

사람 사는 일도 그와 같아서
아무렇게나 자란 욕망의 가지들을 제때에 쳐주지 않으면
인생을 송두리째 잃기도 합니다.

김재일 | 사찰생태연구소 대표

기도의 의미

어떤 수행자가 부처님께 질문했습니다.
"부처님, 바라문들은 신에게 기도하면 모든 것이
이루어진다고 합니다. 악행을 행하여도 기도를 하면
죄를 사하고 천당에 갈 수 있습니까?"
부처님은 그에게 되물었습니다.
"여기 깊은 연못에 돌을 던져 놓고 물가에 서서
'돌아 떠올라라' 하고 열심히 기도한다면 그 돌이 떠오르겠느냐?"
"아닙니다. 그럴 리 없습니다."
"물에 빠진 돌은 물에 들어가서 건져내는 것이 옳은 방법이며
그 돌을 아예 물에 집어넣지 않는 것이 더욱 현명한 일이다."

모든 행위에는 결과가 따르기 마련입니다.
잘못된 기도로 위안을 받기보다
잘못을 저지르지 않는 것이 더 현명한 일입니다.

장용철 | 시인

남을 해치려 한다면

나무들이 회의를 했습니다.
"지금 나무꾼이 도끼자루 만들 나무 하나만 달라 하니
누굴 주면 좋겠나?"
회의 결과 항상 업신여김과 따돌림을 받던 물푸레나무가
도끼자루로 잘려나갔습니다.
도끼자루를 구한 나무꾼은 그 뒤
닥치는 대로 나무를 찍어 넘겼습니다.
얼마가 지나자 숲 속에는 대여섯 그루의 나무만 남았습니다.
후회하며 늙은 참나무가 옆의 오리나무에게 말했습니다.
"우리가 물푸레나무의 권리를 짓밟지 않았더라면
몇백 년이라도 평화롭게 서 있었을 텐데……"
부처님은 이렇게 말씀하셨습니다.
"남을 업신여기거나 따돌림을 좋아하는 자는
반드시 스스로도 큰 상처를 입게 된다."

김원각 | 시인

사랑의 방정식

기린의 몸에서 가장 힘이 센 곳은 뒷발이라고 합니다.
그 힘이 얼마나 강하던지 그 발에 한번 걷어차이면
같은 기린이라도 죽어버릴 수 있을 정도랍니다.
그런데 기린이 서로 싸움을 할 때만큼은 아무리 치열한
싸움을 벌인다 해도 그 뒷발을 절대로 사용하지 않는다는군요.

우리 사람들은 어떨까요?
적은 물론이고 경쟁자에게까지도
자기의 힘과 무기를 최대한 사용하진 않나요?
당신이 미워하고 싫어하는 그 사람마저도 이 땅에 함께
살아가는 동반자라는 생각을 해본 적이 있으신가요?

은산 스님 | 부산 금선사 주지

공명조共命鳥

실크로드의 전설에 몸은 하나지만 머리가 두 개인
공명조共命鳥라는 새가 있습니다.
둘이 서로 마음을 모아야 살 수 있지만
그들은 늘 상대방을 시기하고 미워했습니다.
시기심에 눈이 멀어 마침내 상대방에게
독약을 먹이는 지경에까지 이르러
결국 함께 죽고 말았습니다.

공명조는 전설 속에서만 존재하는 새일까요.

백승권 | 동화작가

지혜로운 사람

자신이 부귀영화를 누린다고 해서 우쭐할 것도,
고통 속에서 산다고 해서 절망에 빠질 필요도 없어요.
모든 것은 머물지 않고 지나갈 뿐입니다.
그때가 바로 공부할 때임을 알아차려야
지혜로운 사람입니다.

관후 스님 | 해인사 장경판전 장주

역경과 순경

지금의 즐겁고 좋은 일은
인연 따라 생긴 것으로,
인연이 다하면 언젠가는 없어질 것이니
마냥 기쁨에 들뜰 일이 아닙니다.

지금 겪는 고초와 역경 또한
지나온 인연에 의해 생긴 것으로,
인연이 다하면 마침내는 없어질 것이니
너무 원통해할 일만은 아닙니다.

배광식 | 서울대 교수

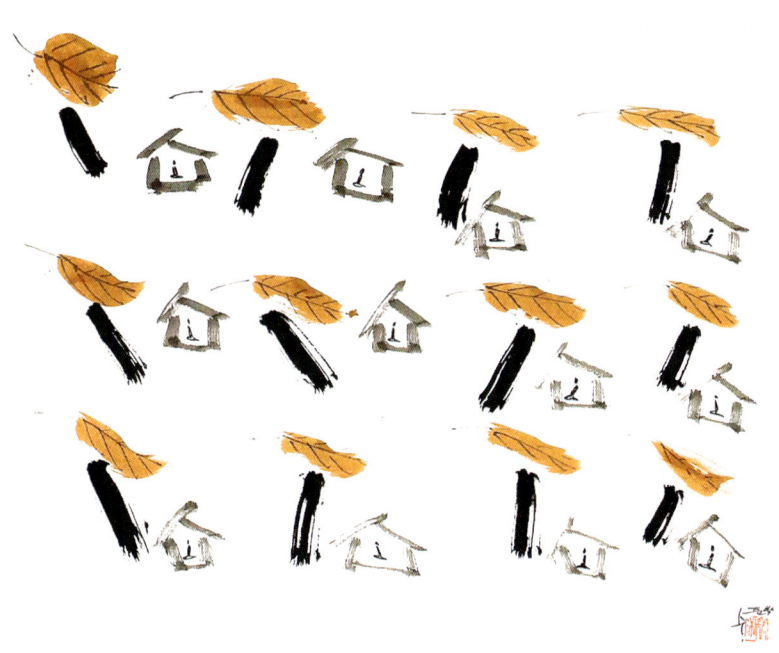

4
가면 길은 열릴 것이다

한 톨의 씨앗

수행자가 평소 선한 일을 하는 여인을 칭찬하며 말했다.
"하나를 베풀면 백이 생기며, 마침내는 깨달음을 얻을 것입니다."
여인이 고개를 조아리며 대답했다.
"보잘 것 없는 일에 어찌 그런 복을 받겠습니까?
칭찬이 지나치십니다."
수행자가 빙그레 웃으며 물었다.
"마당에 있는 500년 묵은 은행나무를 보셨습니까?"
"예. 그 은행나무에서는 해마다 수백 섬의 열매가 맺힙니다."
"그럼, 수백 섬의 열매를 따기 위해 씨앗을 한 가마쯤 심었겠군요?"
"그럴 리가 있겠습니까? 씨앗 한 톨을 심었을 뿐입니다."
"그런데 어찌 내 말이 지나치다고 하십니까?"

이용범 | 소설가

말을 할 때는

지위로 말하지 말고
욕망으로 말하지 말고
화를 내면서 말하지 마십시오.

자애로움으로 말하고
내용을 알면서 말하고
상대를 고려하면서 말을 하십시오.

잘못 말했다면
정중하게 사과하고
더 이상 말하지 마십시오.

묘원 | 상좌불교 한국명상원장

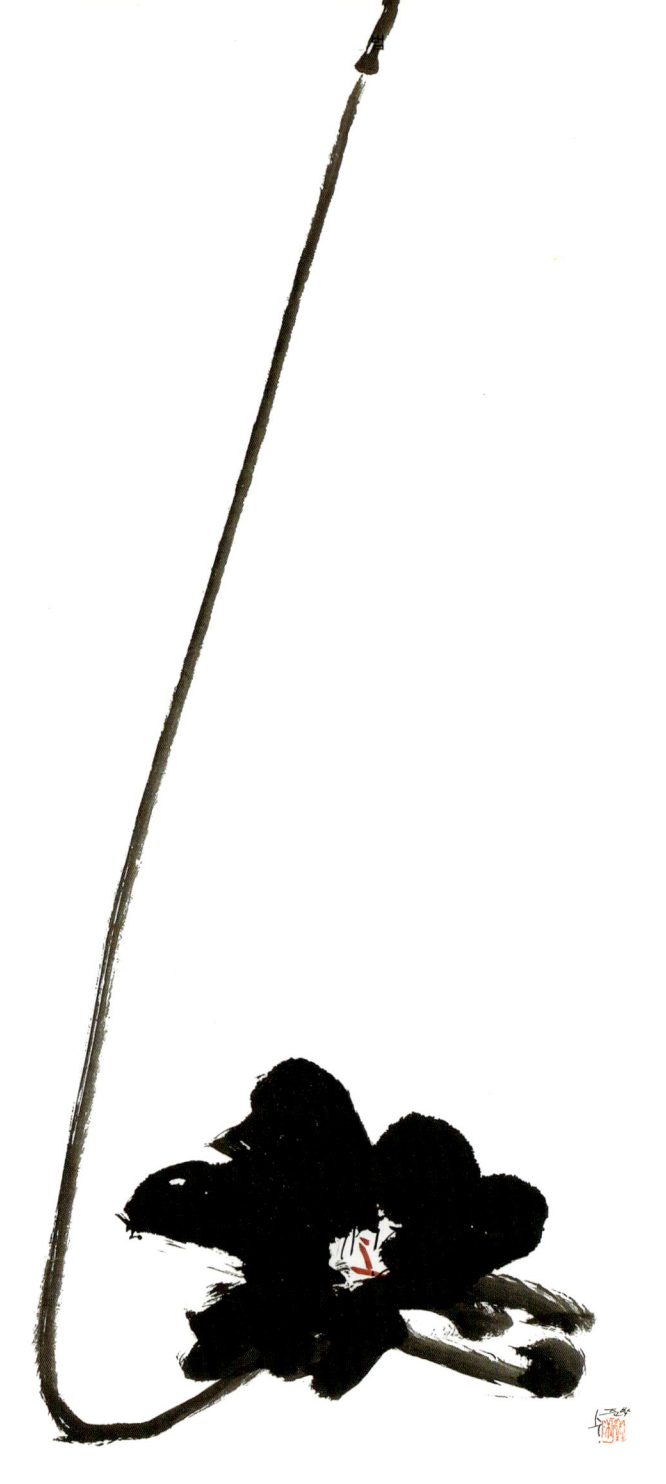

천한 사람 귀한 사람

부처님을 비롯하여 주위의 많은 사람들이
'마탕가'를 칭찬했다. 이를 못마땅하게
여긴 한 제자가 부처님께 말씀드렸다.
"마탕가는 천한 집안 출신의 사람입니다."
그러자 부처님께서 말씀하셨다.
"그런 말을 하지 마라.
태어나면서부터 천한 사람이 되거나
태어나면서부터 귀한 사람이 되는 것이 아니다.
오로지 그 사람의 행위에 의해
천한 사람도 되고 귀한 사람도 되느니라."

김원각 | 시인

걱정

걱정하지 마십시오.
올 것이 온 것이며 갈 것이 간 것입니다.
행한 대로 받으며
마음가짐만큼 받습니다.
누구나 자기 수준으로 생각하고
생각한 수준만큼 행동하며 그만큼의 결과가 생깁니다.
행한 대로 받는다면
무엇을 걱정하고 무엇을 두려워하겠습니까?
걱정하는 것을 알아차리고
해야 할 일이 무엇인지 알아서 그 일을 하면 됩니다.

묘원 | 상좌불교 한국명상원장

삶의 문제

내 삶에 어떤 문제가 생겨났다면
그것은 내가 삶에서 배워야 할
어떤 것이 생겨났다는 것을 의미합니다.
지금 이 순간 내게 일어나는 일이야말로
내가 지금 체험하고 깨달아야 할 바로 그것입니다.

좋든 나쁘든 내게 일어나는 모든 일들은
나를 배움으로 이끌기 위한 목적으로 나타납니다.
배움과 경험을 회피할 때 삶은 둔화되지만
적극적으로 받아들이고 배울 때 삶은 성장합니다.

법상 | 군승법사

저질러 시도해 보라

매 순간 찾아오는 기회를 외면하지 마십시오.
기회가 왔는데도 우물쭈물 주저하지 마십시오.
기회를 자주 무시하다가는
기회를 잡는 법을 아예 잊을지도 모릅니다.

성공을 방해하는 주범은
닫혀지고 두려워하는 자기 자신이지
외부의 누군가가 아닙니다.

저질러 시도하고 마땅히 실패해 보십시오.
진짜 실패는 시도조차 하지 않는 것입니다.

법상 | 군승법사

가면 길은 열릴 것이다

부처님의 제자 중에 매사에 자신감이 없고
소극적인 마승 비구가 있었다.
이런 성격을 잘 아는 부처님은 어느 날 그에게 임무를 주었다.

"시내로 들어가서 만나는 사람마다 내 가르침을 전하여라."
얼굴이 붉어지며 머뭇거리는 마승 비구에게 다시 말했다.
"반드시 자기에게도 남을 인도할 능력이 있다는 것을 알게 될 것이다.
가거라. 용기를 가지고 가라. 가면 길은 열릴 것이다."

김원각 | 시인

첫 마음 돌아보기

개미가 제법 큰 빵조각을 옮기고 있습니다.
넘어지고 굴러도 일어나 쉼 없이 가는 중입니다.
개미는 무거운 짐 끌고 어디로 가는 걸까요?
아마도 처음 마음먹은 그 자리일 겁니다.

다들 첫 마음에는 결연한 의지와 목표를 담습니다.
누리고 싶은 행복의 씨앗도 함께 넣습니다.
일이 잘 되지 않는다면, 첫 마음이 변한 건 아닌지
한번쯤 돌아보면 좋을 것 같습니다.

고규태 | 시인

인격

양반 두 사람이 푸줏간에 들렀습니다.
첫째 양반이 말했습니다.
"어이 박상길이, 고기 한 근만 줘."
둘째 양반이 말했습니다.
"박 서방, 나도 한 근만 주게."
고기를 받아들자 첫째 양반이 소리를 질렀습니다.
"이 놈아, 같은 한 근인데 내 것은 왜 이리 작으냐?"
푸줏간 주인 박상길이 말했습니다.
"예, 손님 고기는 상길이라는 상놈이 자른 것이고,
이 어르신 고기는 박 서방이 잘랐으니 다를 수밖에요."

아주 작은 구멍을 통해서도 햇빛이 새어나오듯이
말 한 마디에도 자신의 인격을 드러냅니다.

김원각 | 시인

솔개 닮기

80여 년을 산다는 솔개는
40세쯤 되면 산정에 올라 반년에 걸쳐 고행을 한답니다.
길어져 쓸모 없게 된 부리는 바위에 쪼아 부수고,
먹잇감을 움켜잡지 못하는 무딘 발톱도
새로 난 부리로 뽑아 버립니다.
무거워진 깃털마저 뽑아 정리한 후, 새로운 부리와 발톱, 깃털로
새롭게 40년을 산다고 합니다.

우리도
지금 이 순간,
낡은 것을 부수고 스스로를 비워
새롭게 태어날 수 있습니다.

가득한 희망으로 미래를 열어가는
인생의 주인공들을 그려 봅니다.

이용성 | 풍경소리 사무총장

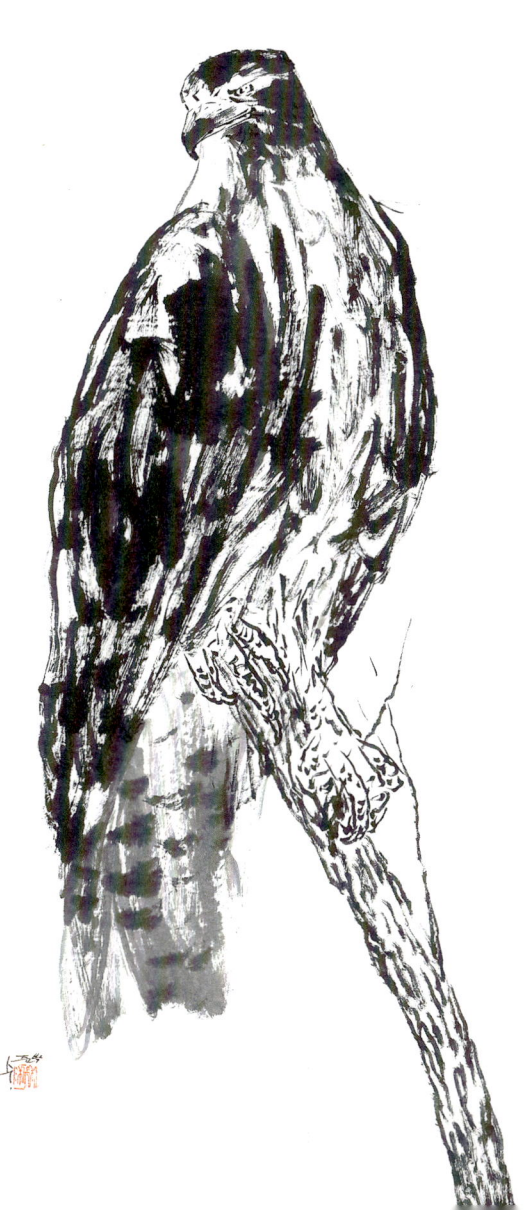

조바심 내지 마라

한 생각이 지극하면 이루어지듯이,
어떤 일을 할 때 조바심내지 않고 열심히 하다보면
그것이 아무 것도 아닌 것 같지만 언젠가는 이루어집니다.

산의 저 잣나무도 한 알의 잣에서 비롯되었습니다.
다람쥐 한 마리가 기암절벽 위로 올라가
겨우내 먹으려고 바위 밑에 저장한 것이
저렇게 큰 나무가 되었습니다.

태응 스님 | 해동선원장

5
행복의 지름길

참행복

다른 이의 삶이 행복해 보일지라도
부러워하지 마십시오.
모든 곳에, 그리고 누구에게나
괴로움은 있게 마련입니다.

내가 찾아야 할 것은
다른 이의 행복이 아니라
온전한 나의 행복이어야 합니다.

세상에서 가장 행복한 사람이 아니라
그저 행복한 사람이 되는 것이
참 행복의 길입니다.

허주 스님 | 대구경북 풍경소리 대표 • 은적사 주지

행복의 지름길

지나간 일에는
후회가 따르기 마련입니다.
하지만 지나간 일은 고칠 수 없습니다.
불행의 대부분이 후회에서 비롯됨을 아는 순간
우리는 행복으로 가는 첫걸음을 내딛게 될 것입니다.

오지 않은 미래에 대한 걱정 또한 마찬가지입니다.
실체가 없는 것에 마음을 쏟고 있는 것보다
지금 이 자리에서 최선을 다하는 것이
행복의 지름길입니다.

선묵 혜자 스님 | 풍경소리 대표이사 • 도선사 주지

행복은 스스로 만드는 것

재산이나 용모가
나보다 나은 사람 앞에선 초라해지고
나보다 못한 사람 앞에선 우쭐해지는 건
무엇 때문일까요?
내가 가진 것은 그대로인데 이렇게 느끼는 것은
내 마음을 남에게 빼앗긴 채 살기 때문입니다.
당신의 마음을 잘 돌아보세요.
자기의 행복은 남이 주는 것이 아니라
자기 스스로 만드는 것입니다.

라도현 | 재가수행자

화가 날 때

화가 나서
한 번 치받으려다
생각합니다.

"이렇게 하면… 행복할까?"

고대승 | 재가수행자

자신의 조건 안에서 행복을

사람들은 '행복의 조건'에 대한 목록을
미리 만들어 둡니다.
하지만 행복은 내 마음 안에서 찾아야 하고,
내 조건 안에서 만족해야 하는 것이지,
바깥에서 구하려고 하면 얻을 수가 없습니다.
힘들지만 밖에 나가서 일을 할 수 있음이,
가족과 함께 밥 먹을 수 있음을 행복이라 여기면,
하루에도 수없이 감사할 일이 생기고
날마다 행복한 날이 될 것입니다.

도영 스님 | 완주 송광사 주지

거리의 현자

나무 그늘 아래에서 노인이 잘생긴 감자를 팔고 있었습니다.
그릇에 담긴 감자를 보며 행인이 물었습니다.
"여기 있는 것을 전부 사면 값을 좀 깎아주실래요?"
"저는 한꺼번에 다 팔지는 않습니다.
일찍 손을 털면 좋을 것 같지만 내겐 다른 이유가 있답니다.
밖에 나와 다른 사람들과 어울리는 것을 나는 좋아합니다.
그리고 햇빛이 가득한 이 지상을 사랑하고
바람에 흔들리는 저 떡갈나무 잎사귀를 보고 기쁨을 느낍니다.
그런데 물건을 한꺼번에 팔아버리면
나에게서 삶의 기쁨은
이내 사라지고 말 것이기 때문이지요."

햇볕을 막지 않으려고 비켜서는 내게
그분은 거리의 현자처럼 거룩해 보였습니다.

맹난자 | 수필가

최선의 방법

무슨 일이든 예방이 최선의 방책입니다.
없앨 것은 작을 때 미리 없애고
버릴 것은 가벼울 때 미리 버린다면,
작은 근심은 막을 수 없을 지라도
큰 근심은 막을 수 있을 것입니다.

박민호 | 아동문학가

대문과 나귀만 지킨 하인

주인이 먼 길을 떠나기 전에 하인에게 분부했습니다.
"너는 문을 잘 지키고 나귀와 밧줄을 잘 살펴라."
주인이 떠난 뒤 동네에서 풍악놀이가 있었는데,
하인은 구경을 하고 싶었습니다.
그래서 문을 뜯어서는 나귀 등에 얹고
놀이터로 가서 그 풍류를 즐겼지요.
하인이 나간 뒤에 도적이 와서
집안의 재물을 모두 훔쳐가 버렸습니다.
주인이 돌아와 하인에게 물었습니다.
"재물은 모두 어쨌느냐?"
"저에게 문과 나귀와 밧줄을 부탁하지 않았습니까?"

문영자 | 숲 해설사

남과 나

눈을 잘 다스리라 함은
남의 잘못만 보지 말라 함이고
입을 잘 다스리라 함은
남의 허물만 말하지 말라는 뜻입니다.

오히려
마음을 잘 다스려
탐욕을 가려내고 스스로 꾸짖을 수 있다면
진정한 행복을 맛볼 수 있지 않을까요.

박민호 | 아동문학가

부모

부처님이 제자와 산책을 하다가 말씀하셨다.
"고요한 밤의 달과 저 별빛이 아름답지 않느냐?"
"아름답습니다. 아름다운 달과 별빛 아래서
부처님과 걷는 시간이 참으로 행복합니다."
그러자 부처님이 이렇게 말씀하셨다.
"나와 같이 걷는 것이 행복이라 말했느냐?
너의 눈으로 저 달과 별빛을 보게 한 것은 부모님이니라.
어머니가, 아버지가 계심이 세상에서 가장 큰 행복이다."

김원각 | 시인

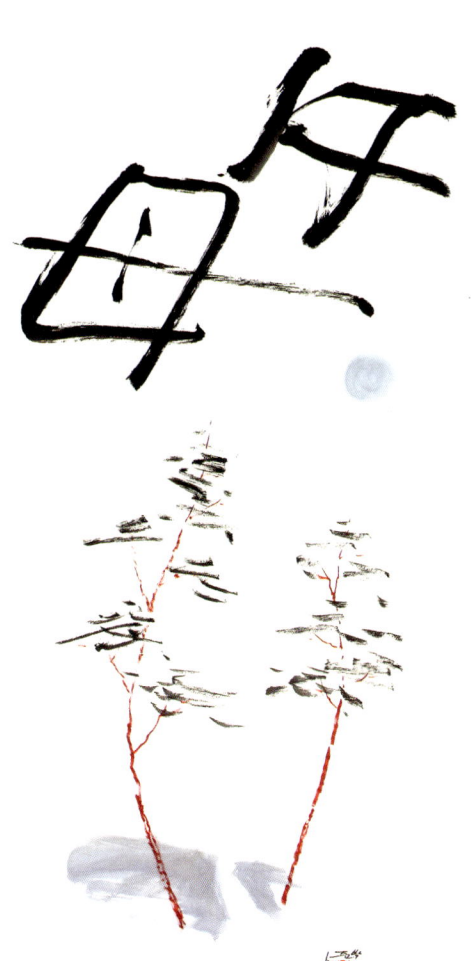

다시없을 인연

'20억 번'

당신의 심장이 평생 뛰는 횟수입니다.
한 회, 한 회 뛰는 심장은
당신이 살아 숨 쉰다는 증거이며
또한 죽음을 향해 달려가고 있다는 뜻이기도 합니다.

매 심장 박동마다 한 명씩 사람을 만난다고 하더라도
전 세계 인구의 1/3도 만나지 못합니다.

지금 이 순간에도 묵묵히 뛰고 있는 심장에게는
단 한 번의 박동도 다시는 오지 않을 순간이며
지금 당신과 심장 박동을 나누는 이는 다시없을 인연입니다.

최윤주 | 미국 다트머스대학교 계산생물학 연구원

나도 풍경소리 작가되기

지하철에 게시되는 풍경소리 포스터로 제작될
여러분의 소중한 글을 모집합니다.
투고에 자격 제한은 없으며,
보내주신 글은 편집위원회의 심사를 거쳐 최종 채택됩니다.

제목 및 주제	자유
분량	200자 원고지 1.5매 내외(띄어쓰기 제외 자수 200자 이하)
응모 기한	수시 접수
편수	월 최대 5편 이하
응모 방법	이메일 pgsorinet@naver.com 페이스북 또는 트위터 메시지 @pgsorinet ▶ 응모 시 '글의 제목', '성함', '연락처'를 꼭 적어주세요.
내용	1. 불교적 세계관과 지혜가 깃들어 시민들이 부담 없이 읽을 수 있는 내용으로, 시민들의 정서 함양과 맑고 밝은 사회 건설에 도움이 되는 글. 2. 너무 종교 편향적이거나 거부감을 야기할 수 있는 내용은 지양해주세요. 3. 글의 소재가 되는 경전이나 참고 문헌이 있다면 밝혀주십시오. 4. 원고의 예시는 지금 보고 계신 풍경소리 단행본이나 홈페이지 (www.pgsori.net)를 참고하시기 바랍니다.
원고료 및 저작권	원고 채택 시 소정의 원고료를 드리며, 원고의 저작권은 풍경소리에 귀속됩니다.(채택 시 개별 연락을 드립니다. 매월 2편 내외를 뽑는 관계로 많은 분들의 글을 풍경소리에 다 싣지 못하는 점 죄송합니다.)

여러분의 많은 관심과 참여를 부탁드립니다. 감사합니다.

풍경소리 편집위원회 드림

풍경소리 ❹

1쇄 발행 | 2012년 5월 28일

글 | 풍경소리
그림 | 박준수
펴낸이 | 이용성

편집주간 | 김원각
디자인 | 김효중

펴낸곳 | 풍경소리
등록일 | 2006년 8월 30일
등록번호 | 제307-2006-41호
주소 | 서울시 종로구 운니동 가든타워 801호
전화 | 02-736-5583
팩스 | 02-928-5586
홈페이지 | www.pgsori.net

ⓒ풍경소리, 2012

• 저자의 허락 없이 내용의 일부를 인용하거나 발췌하는 것을 금합니다.
• 잘못된 책은 본사나 구입하신 서점에서 바꾸어 드립니다.
• 가격은 뒤표지에 있습니다.

ISBN 978-89-959817-4-0 04200